GEISTER DER TOTEN

Sämtliche Gedichte

———————

Von

Edgar Allan Poe

AF284571

GEISTER DER TOTEN

Sämtliche Gedichte

— ◆ · ◆ —

VON

EDGAR ALLAN POE

— ◆ · ◆ —

Übertragen

von

Theodor Etzel

———

Impressum:
© 2020 Wenzel Mylius (Hrsg. u. Bearb.)
Herstellung und Verlag: BoD – Books on Demand, Norderstedt.
ISBN: 978-3-75198-222-1

GEDICHTE

Aus den Jahren 1845 bis 1849

DER RABE

Einst in dunkler Mittnachtstunde,
    als ich in entschwundner Kunde
Wunderlicher Bücher forschte,
    bis mein Geist die Kraft verlor
Und mir's trübe ward im Kopfe,
    kam mir's plötzlich vor, als klopfe
Jemand leis ans Tor, als klopfe —
    klopfe jemand sacht ans Tor.
„Irgendein Besucher", dacht' ich,
    „pocht zur Nachtzeit noch ans Tor —
Weiter nichts — so kommt mir's vor."

Oh ich weiß, es war in grimmer
    Winternacht, gespenstischen Schimmer
Jagte jedes Scheit durchs Zimmer,
    eh es kalt zu Asche fror.
Tief ersehnte ich den Morgen,
    denn umsonst war's, Trost zu borgen
Aus den Büchern für das Sorgen
    um die einzige Lenor',
Um die wunderbar Geliebte —
    Engel nannten sie Lenor' —

Die für immer ich verlor.

Die Gardinen rauschten traurig,
    und ihr Rascheln klang so schaurig,
Füllte mich mit Schreck und Grausen,
    wie ich nie erschrak zuvor.
Um zu stillen Herzens Schlagen
    Herzens Zittern, Herzens Zagen,
Mußt' ich murmelnd nochmals sagen:
    „Ein Besucher klopft ans Tor. –
Ein verspäteter Besucher
    klopft um Einlaß noch ans Tor",
Sprach ich meinem Herzen vor.

Alsobald ward meine Seele
    stark und folgte dem Befehle,
„Herr", so sprach ich, „oder Dame,
    ach verzeihen Sie, mein Ohr
Hat Ihr Pochen kaum vernommen,
    denn ich war schon schlafbenommen,
Und Sie sind so sanft gekommen –
    sanft gekommen an mein Tor;
Wußte kaum den Ton zu deuten..."
    Und ich sperrte auf das Tor: –
Nichts als Dunkel stand davor.

Starr in dieses Dunkel spähend,
    stand ich lange, nicht verstehend,
Träume träumend, die kein irdscher
    Träumer je gewagt zuvor;
Doch es herrschte ungebrochen Schweigen,

aus dem Dunkel krochen
Keine Zeichen, und gesprochen
ward nur zart das Wort „Lenor" —
Zart von mir gehaucht, —
wie Echo flog zurück das Wort „Lenor".
Nichts als dies vernahm mein Ohr.

Wandte mich zurück ins Zimmer,
und mein Herz erschrak noch schlimmer,
Da ich wieder klopfen hörte,
etwas lauter als zuvor.
„Sollt' ich", sprach ich, „mich nicht irren,
hörte ich's am Fenster klirren;
Oh, ich werde bald entwirren
dieses Rätsels dunklen Flor —
Herz, sei still, ich will entwirren
dieses Rätsels dunklen Flor;
Wind wohl machte den Rumor."

Offen warf ich nun die Schalter —
flatternd kam herein ein alter,
Stattlich großer, schwarzer Rabe,
wie aus heiliger Zeit hervor,
Machte keinerlei Verbeugung,
keine kleinste Dankbezeigung,
Flog mit edelmännscher Neigung
zu dem Pallaskopf empor,
Grade über meiner Türe
auf den Pallaskopf empor —
Saß — und still war's wie zuvor.
Doch das wichtige Gebaren

dieses schwarzen Sonderbaren
Löste meines Geistes Trauer
    bald zu lächelndem Humor.
„Ob auch schäbig und geschoren,
    kommst du", sprach ich, „unverfroren,
Niemand hat dich herbeschworen
    aus dem Land der Nacht hervor.
Tu mir kund, wie heißt du, Stolzer
    aus Plutonischem Land hervor?"
Sprach der Rabe: „Nie du Tor."

Daß er sprach so klar verständlich –
    ich erstaunte drob unendlich,
Kam die Antwort mir auch wenig
    sinnvoll und erklärend vor.
Denn noch nie war dies geschehen:
    über seiner Türe stehen
Hat wohl keiner noch gesehen
    solchen Vogel je zuvor –
Über seiner Stubentüre
    auf der Büste je zuvor,
Mit dem Namen „Nie du Tor."

Doch ich hört' in seinem Krächzen
    seine ganze Seele ächzen,
War auch kurz sein Wort, und brachte
    er auch nichts als dieses vor.
Unbeweglich sah er nieder,
    rührte Kopf nicht noch Gefieder,
Und ich murrte, murmelnd wieder
    „Wie ich Freund und Trost verlor,

Werd ich morgen *ihn* verlieren —
  wie ich alles schon verlor."
Sprach der Rabe: „Nie du Tor."

Seine schroff gesprochnen Laute
  klangen passend, daß mir graute.
„Aber", sprach ich, „nein, er plappert
  nur sein einzig Können vor,
Das er seinem Herrn entlauschte,
  dessen Pfad ein Unstern rauschte,
Bis er letzten Mut vertauschte
  gegen trüber Lieder Chor —
Bis er trostlos trauerklagte
  in verstörter Lieder Chor
Mit dem Kehrreim „Nie du Tor."

Da der Rabe das bedrückte
  Herz zu Lächeln mir berückte,
Rollte ich den Polsterstuhl zu
  Büste, Tür und Vogel vor,
Sank in Samtsitz, nachzusinnen,
  Traum mit Träumen zu verspinnen
Über solchen Tiers Beginnen:
  was es wohl gewollt zuvor —
Was der alte ungestalte
  Vogel wohl gewollt zuvor
Mit dem Krächzen „Nie du Tor."

Saß, der Seele Brand beschwichtend
  keine Silbe an ihn richtend,
Seine Feueraugen wühlten

mir das Innerste empor.
Saß und kam zu keinem Wissen,
   Herz und Hirn schien fortgerissen,
Lehnte meinen Kopf aufs Kissen
   lichtbegossen — das Lenor
Pressen sollte — lila Kissen,
   das nun nimmermehr Lenor
Pressen sollte wie zuvor!

Dann durchrann, so schien's, die schale
   Luft ein Duft aus Weihrauchschale
Edler Engel, deren Schreiten
   rings vom Teppich klang empor.
„Narr!" so schrie ich, „Gott bescherte
   dir durch Engel das begehrte
Glück Vergessen: das entbehrte
   Ruhen, Ruhen vor Lenor!
Trink, oh trink das Glück: Vergessen
   der verlorenen Lenor!"
Sprach der Rabe: „Nie du Tor."

„Weiser!" rief ich; „sonder Zweifel
   Weiser! — ob nun Tier, ob Teufel —
Ob dich Höllending die Hölle
   oder Wetter warf hervor,
Wer dich nun auch trostlos sandte
   oder trieb durch leere Lande
Hier in dies der Höll' verwandte
   Haus — sag, eh ich dich verlor:
Gibt's — oh gibt's in Gilead Balsam? —
   Sag mir's, eh ich dich verlor!"

Sprach der Rabe: „Nie du Tor."

„Weiser", rief ich; „sonder Zweifel
    Weiser! – ob nun Tier, ob Teufel –
Schwör's beim Himmel uns zu Häupten –
    schwör's beim Gott, den ich erkor –
Schwör's der Seele so voll Grauen:
    soll dort fern in Edens Gauen
Ich ein strahlend Mädchen schauen,
    die bei Engeln heißt Lenor –
Sie, die Himmlische, umarmen,
    die bei Engeln heißt Lenor?"
Sprach der Rabe: „Nie du Tor."

„Sei dies Wort dein letztes, Rabe
    oder Feind! Zurück zum Grabe
Fort! zurück in Plutons Nächte!"
    schrie ich auf und fuhr empor.
„Laß mein Schweigen ungebrochen!
    Deine Lüge, frech gesprochen,
Hat mir weh das Herz durchstochen. –
    Fort, von deinem Thron hervor!
Heb dein Wort aus meinem Herzen –
    heb dich fort, vom Thron hervor!"
Sprach der Rabe: „Nie du Tor."

Und der Rabe rührt sich nimmer,
    sitzt noch immer, sitzt noch immer
Auf der blassen Pallasbüste,
    die er sich zum Thron erkor.
Seine Augen träumen trunken

wie Dämonen traumversunken;
Mir zu Füßen hingesunken
   droht sein Schatten tot empor.
Hebt aus diesem meine Seele
   jemals wieder sich empor? –
Niemals mehr – oh, nie du Tor!

———————

DIE GLOCKEN

I.

Hört der Schlittenglocken Klang –
Silberklang!
Welche Welt von Lustigkeit verheißt ihr heller Sang!
Wie sie klingen, klingen, klingen
In die Nacht voll Schnee und Eis,
Während sprüh die Sterne springen,
Zwinkernd sich zum Reigen schlingen
Im kristallnen Himmelskreis:
Halten Schritt, Schritt, Schritt,
Tanzen Runenrhythmen mit
Zu der kleinen klaren Glocken süßem Singesang.
Zu dem Klang, Klang, Klang, Klang,
Klang, Klang, Klang –
Zu dem Singen und dem Schwingen in dem Klang.

II.

Hört der Hochzeitsglocken Klang –
Goldnen Klang!

Welche Welt von Seligkeit verheißt ihr voller Sang!
Wie ihr Läuten lauter lacht
Durch den Balsamduft der Nacht!
Aus dem holden goldnen Schwall,
Wie altgewohnt,
Fliegen leicht die Töne all
Hin zur Turteltaube, die beim frohen Schall
Schielt zum Mond.
O wie schwillt im Überschwang
Ein Guß von hohem Feierklang so voll die Nacht
    entlang!
Hochgesang —
Hoffnungssang
Auf der Zukunft heitern Gang!
Freude treibt zu schnellerm Drang
Dieses Ringen und das Schwingen
In dem Klang, Klang, Klang —
In dem Klang, Klang, Klang, Klang,
Klang, Klang, Klang —
Dieses Quellen und das Schwellen in dem Klang.

III.

Hört der Feuerglocken Klang —
Bronznen Klang!
Welch ein Aufruhr stürmt daraus so schreckenvoll und
    bang
Wie ihr Schreien Schreck entfacht
In durchbebter Luft der Nacht!
Zu entsetzt, um klar zu sein,
Können sie nur schrein, nur schrein,
Ohne Takt

Rufen sie in lautem Lärmen um Erbarmen an das Feuer,
Zanken in verrücktem Toben mit dem tollen tauben
   Feuer.
Höher, höher, ungeheuer
Springt verlangend auf das Feuer;
In verzweifeltem Bemühn,
Bis zum Mond emporzusprühn,
Sind die Flammen hochgezackt.
Oh, der Klang, Klang, Klang!
Wie er grauenvoll und bang
Alles schreckt!
Wie er schauert, schallt und braust,
Daß den Lüften bangt und graust,
Wie er aller Orten lähmendes Entsetzen weckt!
Dennoch hört das Ohr sie gut
Durch das Schallen
Und das Hallen:
Ebbe der Gefahr und Flut;
Dennoch nimmt das Ohr es wahr
Durch das Zanken
Und das Schwanken:
Flutet oder ebbt Gefahr –
Durch das Stocken und das Schwellen in dem schnellen
   Glockenklang,
In dem Klang –
In dem Klang, Klang, Klang, Klang,
Klang, Klang, Klang –
Durch das Härmen und das Lärmen in dem Klang.

IV.

Hört der Eisenglocken Klang –
Eisenklang !
Welche Welt von Trauer trägt ihr monotoner Sang!
In der Grabesruh der Nacht
Wie er uns erschauern macht
Durch das Trauern und das Drohen in dem Ton
Denn die Klänge, die entrollen
Rostigen Glockenkehlen, tollen
Grollend fort.
Oh, die Wesen, die dort oben
In dem Glockenturme toben,
Einsam dort
Mit den monotonen Glocken,
Die da tollen, tollen, tollen,
Voll verschleiertem Frohlocken
Einen Stein aufs Herz uns rollen –
Leichenfressende Dämonen
Sind's, die in den Glocken wohnen,
All im Sold
Ihres Königs, der da tollt,
Der da rollt, rollt, rollt,
Rollt
Triumph aus Glockenklang!
Und sein Busen schwillt im Drang
Des Triumphs aus Glockenklang.
Johlend tanzt er zu dem Sang;
Haltend Schritt, Schritt, Schritt
Tanzt er Runenrhythmen mit
Zum Triumph aus Glockenklang,

Glockenklang.
Haltend Schritt, Schritt, Schritt
Tanzt er Runenrhythmen mit
Zu dem Dröhnen von dem Klang,
Von dem Klang, Klang, Klang —
Zu dem Stöhnen von dem Klang.
Haltend Schritt, Schritt, Schritt
Tanzt er toll am Glockenstrang
Frohe Runenrhythmen mit
Zu dem Rollen von dem Klang,
Von dem Klang, Klang, Klang,
Zu dem Tollen von dem Klang,
Von dem Klang, Klang, Klang, Klang,
Klang, Klang, Klang —
Zu dem Stöhnen und dem Dröhnen von dem Klang.

———————

ULALUME

Der Himmel war düster umwoben;
Verflammt war der Bäume Zier —
Verdorrt war der Bäume Zier;
Es war Nacht im entlegnen Oktober
Meines Jahrs, unerinnerlich mir;
War beim düsteren See von Auber,
In den nebligen Gründen von Weir —
War beim dunstigen Sumpf von Auber,
In dem spukhaften Waldland von Weir.

Durch Zypressenallee, die titanisch,
Bin ich mit meiner Seele gegangen –
Bin hier einst mit Psyche gegangen –
Zur Zeit, da mein Herz war vulkanisch
Wie die schlackigen Ströme, die langen,
Wie die Lavabäche, die langen,
Die rastlos und schweflig den Yaanek
Hinab bis zum Pole gelangen –
Die rollend hinab den Berg Yaanek
Zum nördlichen Pole gelangen.

Unsre Zwiesprach war ernsthaft erhoben,
Die Gedanken doch stumpf und stier –
Das Gedenken doch stumpf und stier;
Denn wir wußten nicht, daß es Oktober,
Und der Jahrnacht vergaßen wir –
Der Nacht aller Jahrnächte wir!
Wir vergaßen des Sees von Auber
(Obgleich wir gewandert einst hier),
Des dunstigen Sumpfs von Auber
Und des spukhaften Waldlands von Weir.

Und nun da in alternder Nacht
Die Sternuhr gen Morgen sich schob –
Da die Sternuhr gen Morgen sich schob –
Ward am End unsres Pfades entfacht
Ein Schimmern, das Nebel umwob,
Aus dem mit wachsender Pracht
Ein Halbmond sein Doppelhorn hob –
Astartes demantene Pracht
Deutlich ihr Doppelhorn hob.

„Sie ist wärmer", so sagte ich,
„Als Diana: sie schwärmt durch ein Meer
Von Seufzern – durch Sphärenmeer;
Sie sah es: die Träne wich
Von diesen Wangen nicht mehr,
Und vorbei am Löwenbild strich
Als Lenker zu Himmeln sie her,
Als Leiter zu Lethe sie her;
Trotz des Löwen getraute sie sich,
Uns zu leuchten so hell und so hehr –
Durch sein Lager hindurch wagte sich
Ihre Liebe, so licht und so hehr."

Doch Psyche hob warnend die Hand:
„Fürwahr, ich mißtraue dem Schein
Dieses Sterns – seinem bleichen Schein.
O fliehe! o halte nicht stand!
Laß uns fliegen – denn, oh! es muß sein!"
Sprach's entsetzt, und es sanken gebannt
Ihre Schwingen in schluchzender Pein –
Ihre Schwingen schleiften gebannt
Die Federn in Staub und Stein –
Voll Kummer in Staub und Stein.

Ich erwiderte: „Traum ist dies Grauen!
Laß uns weiter in Lichtes Pracht –
Laß uns baden in seiner Pracht!
Es läßt mich die Hoffnung erschauen
In kristallener Schönheit heut nacht –
Sieh! es flackert gen Himmel durch Nacht!

Oh! man darf seinem Schimmern vertrauen,
Es führt uns mit weisem Bedacht –
Oh! man muß seinem Schimmern vertrauen,
Es lenkt uns mit treuem Bedacht,
Da es flackert gen Himmel durch Nacht!"

Ich beruhigte Psyche und gab
Ihr Küsse und lockte sie vor –
Aus Bedenken und Dunkel hervor;
Und wir schritten den Baumgang hinab,
Bis am Ende uns anhielt das Tor
Einer Gruft – ein märchenhaft Grab.
„Schwester", sprach ich, „was schrieb man ans Grab –
An das Tor von dem Wundertume?"
„Ulalume", sprach sie; „'s ist das Grab
Deines verlorenen Ulalume!"

Und mein Herz wurde düster umwoben,
Wurde dürr wie der Bäume Zier –
Wurde welk wie der Bäume Zier;
Und ich schrie: „Es war sicher Oktober
In der *nämlichen* Nacht, da ich hier
Im Vorjahr gewandert – und hier
Eine Last hertrug, fürchterlich mir!
Diese Nacht aller Jahrnächte mir,
Welcher Dämon verführte mich hier?
Oh! jetzt kenn ich den Nachtsee von Auber
Diese nebligen Gründe von Weir –
Gut kenn ich den Dunstsumpf von Auber –
Dieses spukhafte Waldland von Weir."

AN HELENE

Ich sah dich einmal – einmal nur – vor Jahren:
Ich sage nicht *wie* vielen – doch *nicht* vielen.
Es war in Julinacht, und aus dem vollen
Kreisrunden Mond, der gleich wie deine Seele
Den steilsten Weg hinauf zum Himmel suchte,
Fiel sanft ein silberseidner Schleier Licht –
Fiel still und schwül und schlummerselig nieder
Auf tausend Rosen, die nach oben schauten
Und die in einem Zaubergarten wuchsen,
Wo Wind auf Zehen nur sich rühren durfte –
Auf Rosen fiel er, die nach oben schauten,
Die ihre Seelen in verzücktem Sterben
Als Duft aushauchten in das Liebe-Licht –
Auf Rosen fiel er, die nach oben schauten,
Die lächelten und starben, wie verzaubert
Von dir und deines Wesens Poesie.

Ich sah dich ganz in Weiß, auf Veilchenbeet;
Auf offne Rosen, die nach oben schauten
Fiel hell der Mond – und auch auf dein Gesicht
Das aufwärts schaute – schaute, ach, in Leid.

War das nicht Schicksal, das in dieser Nacht –
War das nicht Schicksal (das auch Leiden heißt),
Das mir vorm Gartentore Halt gebot,
Den Schlummerduft der Rosen einzuatmen?
Kein Schritt: in Schlaf lag die verhaßte Welt;
Nur du und ich – (oh Gott, wie schlägt mein Herz,
Da ich zusammen die zwei Worte nenne!) –

Nur wachend du und ich. Ich stand, ich blickte —
Und plötzlich loschen alle Dinge aus.
(Bedenkt es wohl, es war ein Zaubergarten!)
Der Perlenglanz des Monds erlosch, die Beete,
Die moosigen Beete und gewundnen Pfade,
Die frohen Blumen, säftevollen Bäume —
Nichts sah man mehr; und selbst der Duft der Rosen
Erstarb im Arm anbetend stiller Lüfte.
All alles außer dir verschied, verhauchte,
Nichts blieb als du — als weniger denn du:
Als nur das Himmelslicht in deinen Augen —
Als deine Seele nur in deinen Augen.
Ich sah nur sie — sie waren mir die Welt.
Ich sah nur sie — sah stundenlang nur sie —
Sah nichts als sie, bis daß der Mond sich senkte.
Welch wundersame Herzgeschichten sprachen
Aus jenen himmlischen kristallnen Kugeln!
Welch dunkles Weh! Und doch welch hehres Hoffen!
Welch heiter schweigend Meer erhabnen Stolzes!
Welch kühne Ehrbegier! Und doch welch tiefe —
Unfaßbar tiefe Liebe-Fähigkeit !

Doch jetzt, doch endlich sank Diana hin
In westliches Gewitterwolken-Pfühl;
Und du entglittst wie Geist dem Grabesschatten
Der Bäume dort. *Nur deine Augen blieben.*
Sie gingen nicht — sie sind nie mehr gegangen!
In jener Nacht mir sorgsam heimwärts leuchtend
Verlaß'nen Pfad, verließen *sie* mich nie —
Nie mehr (wie all mein Hoffen doch getan).

Sie folgen mir — sie leiten mich durchs Jahr.
Sie sind mir Diener — dennoch ich ihr Sklave.
Ihr Amt ist: zu beleuchten, zu entflammen —
Mein Dienst: *beseligt* sein durch ihren Glanz,
Gereinigt sein durch ihr elektrisch Feuer,
Geheiligt sein in ihrem Himmelsfeuer.
Sie füllen mir mein Herz mit Schönheit an
(Die Hoffen ist) und sind im Himmel droben
Das Sternenpaar, vor dem ich kniend liege
Im traurig stummen Wachen meiner Nacht;
Indes sogar im Mittagsglanz des Tages
Ich *noch* sie sehe — holde Zwillingsschwestern,
Venusse, die kein Sonnenlicht verlöscht!

ANNABEL LEE

Ist ein Königreich an des Meeres Strand,
Da war es, da lebte sie —
Lang, lang ist es her — und sie sei euch genannt
Mit dem Namen *Annabel Lee.*
Und ihr Leben und Denken war ganz gebannt
In Liebe — und *mich* liebte sie.

In dem Königreich an des Meeres Strand
Ein Kind noch war ich und war sie,
Doch wir liebten mit Liebe, die mehr war denn dies —
Ich und meine *Annabel Lee* —
Mit Liebe, daß strahlende Seraphim Begehrten mich

und sie.

Und das war der Grund, daß vor Jahren und Jahr
Eine Wolke Winde spie,
Die frostig durchfuhren am Meeresstrand
Meine schöne *Annabel Lee;*
Und ihre hochedele Sippe kam,
Und ach! man entführte mir sie,
Um sie einzuschließen in Gruft und Grab,
Meine schöne *Annabel Lee.*

Die Engel, nicht halb so glücklich als wir,
Waren neidisch auf mich und auf sie –
Ja! das war der Grund (und alle im Land
Sie wissen, vergessen es nie),
Daß der Nachtwind so rauh aus der Wolke fuhr
Und mordete *Annabel Lee.*

Weit stärker doch war unsre Liebe als die
Von allen, die älter als wir –
Von manchen, die weiser als wir –
Und die Engel in Höhen vermögen es nie
Und die Teufel in Tiefen nie,
Nie können sie trennen die Seelen von mir
Und der schönen *Annabel Lee.*

Kein Mondenlicht blinkt, das nicht Träume mir bringt
Von der schönen *Annabel Lee,*
Jedes Sternlein, das steigt, hell die Augen mir zeigt.
Von der schönen *Annabel Lee;*
Und so jede Nacht lieg zur Seite ich sacht
Meinem Lieb, meinem Leben in bräutlicher Pracht

Im Grabe da küsse ich sie,
Im Grabe da küsse ich sie.

———————

AN MEINE MUTTER

Weil tief ich fühle, daß in Himmeln dort
Die Engel, wenn sie Liebe-Worte nennen,
Kein heilig-heißer und kein inniger Wort
Als „Mutter" zu einander flüstern können.

Drum gab ich diesen liebsten Namen dir –
Die mehr denn Mutter wurde meinen Schmerzen,
Die Tod, als er Virginias Geist von hier
Befreit, zum Horte setzte meinem Herzen.

Die eigne Mutter, die schon früh mir starb,
War mir nur Mutter, du hingegen bist
Von ihr die Mutter, die mein Lieben warb;

Und so viel mehr, als meiner Seele ist
Mein Weib denn meiner Seele eignes Leben,
Muß ich auch dir denn eigner Mutter geben.

———————

FÜR ANNIE

Gottlob! die Gefahr
Ist nun endlich vorbei,
Von schleppender Krankheit
Ward endlich ich frei —
Ward sieghaft vom Fieber,
Dem „Leben", nun frei.

Ich weiß es, ich kann
Keine Taten mehr tun,
Keinen Muskel mehr regen.
Nur langgestreckt ruhn —
Was tut es! Jetzt fühl ich
Mich besser im Ruhn.

Und ich liege so friedlich,
Errettet von Not,
Daß wer an mein Bett tritt,
Vermeint, ich sei tot —
Erschrickt bei dem Anblick
Und meint, ich sei tot.

Das Ächzen und Krächzen,
Die seufzende Plag
Ist nun endlich vorbei
Mit dem schrecklichen Schlag,
Mit des Herzens entsetzlichem
Schrecklichem Schlag!

Das Übel — der Ekel —
Die ruhlose Not —

Hörte auf mit dem Fieber,
Das im Hirn mir geloht —
Mit dem Fieber, dem „Leben",
Das wahnvoll geloht.

Und von allen Foltern
Ich jener genas,
Die am schrecklichsten quälte,
Am furchtbarsten fraß:
Des Durstes nach Liebe,
Nach Lieb ohne Maß —
Nun trank ich ein Wasser,
An dem ich genas.

Ein Wasser, das flutet
Mit schläferndem Klang,
Das nah unterm Boden
Sich gräbt seinen Gang —
Wenig Fuß in dem Grunde
Sich gräbt seinen Gang.

Und ach, daß doch nimmer
Die Dummheit es spricht,
Daß enge mein Bette,
Ohne Luft und ohn' Licht —
Denn in anderen Betten
Da ruht es sich nicht,
Und zum *Schlafen* bedarfst du
Solch Bett ohne Licht.

Die gemarterte Seele,
Hier ruht sie sich aus,

Vergißt, und vermißt nicht
Den duftenden Strauß
Von Myrten, von Freude —
Den Rotrosenstrauß.

Denn drunten da ruht sie
In heiligerm Hauch,
In süßestem Duften
Von Rosmarinstrauch —
In Blauveilchenduften
Und Rosmarinhauch —
In Trauer und Treue
Von Rosmarinstrauch.

Und da Hegt sie nun heiter
In Träume gebannt
Von Treue und Schönheit
Von Annie, gebannt
In Träume von Annie,
Von Locken umspannt.

Sie küßte mich innig,
So zärtlich bewußt,
Und dann fiel ich in Schlummer
Dort an ihrer Brust —
In traumtiefen Schlummer
Von himmlischer Brust.

Als das Licht dann erloschen,
Da deckt sie mich warm,
Und sie bat zu den Engeln,
Mich zu hüten vor Harm —

Zu der Herrin der Engel,
Mich zu schirmen vor Harm.
Und ich liege so friedlich,
Errettet von Not
(Denn ich weiß ihre Liebe),
Daß ihr meint, ich sei tot —
Und ich ruh so gelassen,
Errettet von Not
(Ihre Liebe im Busen),
Daß ihr meint, ich sei tot —
Nur erschaudernd mich anschaut
Und denkt, ich sei tot.
Doch mein Herz das strahlt heller,
Als am Himmelsthron sprüht
Der Sterne Gewimmel,
Da von Annie es glüht —
In der Liebe von Annie
Erstrahlet und glüht,
Im Gedanken an Annies
Lichtaugen erglüht.

AN F -

Geliebte! mitten in der Qual,
Die meinen Erdenpfad umdrängt
(Ach, trüber Pfad, den nicht einmal
Einsam erhellt einer Rose Strahl),
Meine Seel an einem Troste hängt:

An Traum von dir – der allemal
Mir Frieden bringt aus Edens Tal.

So ist das Deingedenken mir
Wie fern verwunschnes Inselland
Inmitten aufgewühlter Gier
Des Ozeans: ein Meer-Revier
In Sturm – indes doch unverwandt
Ein heitrer Himmel blauste Zier
Grad über jenes Eiland spannt.

––––––––––

AN FRANCES S. OSGOOD

Dein Herz sucht Liebe? – So möge es nie
Vom jetzigen Pfade weichen,
Sei was du bist und wolle nie
Dem was du nicht bist gleichen –
So wird die Welt deinem sanften Sein,
Deiner Anmut ein unendlich
Und freudevolles Preislied weihn,
Und Liebe wird selbstverständlich.

––––––––––

EULALIE

Ich weilte allein
In der Welt voll Pein,
Und mein Herz war wie Sumpf so seicht,
Bis die schöne und sanfte Eulalie mir errötend die
    Hand gereicht –
Bis die blonde und junge Eulalie mir lächelnd die
    Hand gereicht.

Ach, weniger klar
Die Sternennacht war
Als die Augen der strahlenden Maid!
Und nimmer ist Hauch
Von zartestem Rauch,
Dem Mond seinen Sternenglanz leiht,
So schön wie der Locke Eulalies bescheidene
    Lieblichkeit –
So schön wie der Locke Eulalies gleichgültige
    Lieblichkeit.
Nun Zweifel – nun Pein
Kehr nimmermehr ein,
Denn Seufzer um Seufzer strebt
Ihre Seele mir zu,
Und all Tag in Ruh
Astarte am Himmel schwebt,
Indessen zu ihr lieb Eulalie ihr mütterlich Auge hebt
Indessen zu ihr jung Eulalie ihr Veilchenauge hebt.

––––––––––

EIN TRAUM IN EINEM TRAUM

Auf die Stirn nimm diesen Kuß!
Und da ich nun scheiden muß,
So bekenne ich zum Schluß
Dies nur: Unrecht habt ihr kaum,
Die ihr meint, ich lebte Traum;
Doch, wenn Hoffnung jäh entflohn
In Nacht, in Tag, in Vision
Oder anderm Sinn und Wort —
Ist sie darum weniger *fort?*
Schaun und Scheinen ist nur Schaum,
Nichts als Traum in einem Traum!

Mitten in dem Wogenbrand
Steh ich an gequältem Strand,
Und ich halte in der Hand
Körner von dem goldnen Sand —
Wenig! dennoch, ach, sie rinnen
Durch die Finger mir von hinnen —
Weinen muß ich, weinend sinnen!

Ach, kann ich nicht fester fassen,
Um sie nicht hinwegzulassen?
Ach, kann ich nicht *eins* in Hut
Halten vor der Woge Wut?
Ist *all* Schaun und Schein nur Schaum
Nichts als Traum in einem Traum?

———————

DIE STADT IM MEER

Weh! wunderliche einsame Stadt,
Drin Tod seinen Thron errichtet hat,
Tief unter des Westens düsterer Glut,
Wo Sünde bei Güte, wo Schlecht bei Gut
In letzter ewiger Ruhe ruht.
An Schlössern, Altären und Türmen hat
(Zerfreß'nen Türmen, die nicht beben!)
Nichts Gleiches eine unsrige Stadt.
Von Winden vergessen, die wühlen und heben,
Stehn unterm Himmel die Wasser ringsum,
Schwermütige Wasser, ergeben und stumm.

Kein Strahlen vom Himmel kommt herab
Auf jener Stadt langnächtiges Grab.
Doch steigt ein Licht aus Meer herauf,
Strömt schweigend an kühnen Zinnen hinauf,
Hinauf an Türmen bis zum Knauf,
Hinauf an Palästen, an Zitadellen,
An Tempeln hinauf und an Babylonwällen,
Hinauf an vergessenen Laubengängen
Mit eingemeißelten Fruchtgehängen,
Hinauf an manchem Opferstein,
Auf dessen Friesen zu engem Verein
Verflochten Viola, Violen und Wein.

Stehn unterm Himmel die Wasser ringsum,
Schwermütige Wasser, ergeben und stumm.
Die Mauern und Schatten wie Nebelduft —
Es scheint, als hänge alles in Luft.

Vom Turm, der herrschend ragt und droht,
Schaut riesenhaft herab der Tod.

Geöffnete Tempel und Totengrüfte
Gähnen auf leuchtende Meeresschlüfte.
Doch nicht die blitzenden Juwelen
In goldner Götzen Augenhöhlen
Und nicht der reiche Tod verführen
Die starren Wasser, sich zu rühren:
Kein kleinstes Wellchen kommt in Gang
Die gläserne Einöde entlang,
Kein Kräuseln erinnert, daß weniger leer
Von Wind ist irgendein anderes Meer,
Nichts sagt, daß je ein Wehen war
Auf Meeren, die weniger grauenhaft klar.

Doch, oh – es regt sich leis wie Wind!
Ein Wellen durch das Wasser rinnt –
Als ob die Türme im sachten Sinken
Die Flut verschöben zur Rechten und Linken
Als ob schon die Spitzen inmitten des blassen
Himmels Lücken zurückgelassen.
Ein roteres Glimmen steigt heran –
Die Stunden halten den Atem an –
Und wenn die Stadt hinab, hinab
Von hinnen sinkt mit unirdischem Stöhnen,
Wird ihr von eintausend Thronen herab
Der Gruß der Hölle tönen.

––––––––––

DIE SCHLAFENDE

In tiefe Junimitternacht
Der mystische Mond herniederwacht.
Einschläfernde Nebel dunsten leise
Heraus aus seinem goldnen Kreise
Und triefen sanft wie Schlummerlieder
Tropfen um Tropfen sachte nieder
Auf Höhen, schimmernd wie Opal,
Und in das allumfassende Tal.
Auf einem Grab nickt Rosmarin,
Träg lehnt die Lilie drüber hin.
Von leerem Nebel überdacht
Fault die Ruine hinein in Nacht.
Wie Lethe sieh den Weiher ruhn,
Scheint tiefen, tiefen Schlaf zu tun,
Nicht um die Welt erwachte er nun.
Alle Schönheit schläft! — und ach! wo liegt
(Ihr Fenster den Himmeln geöffnet) — wo liegt
Irene, vom Schicksal eingewiegt!

O Schönste! — ach! ich steh betroffen:
Das Fenster weit dem Nachtwind offen?
Die Lüfte fallen im Mondenschein
Vom Baum herab durchs Gitter ein —
Sie flüchten flüsternd wie Geisterschar
Durch dein Gemach und stoßen gar
Am Bett den bunten Baldachin
So schaurig her, so schaurig hin
Über des Auges geschlossene Glut,
Darunter die schlummernde Seele ruht,

Daß Schatten gleich Gespenstern weben
Und Wand und Boden irr beleben.
O liebe Dame, banget dir?
Warum und was nur träumst du hier?
Gewiß, du kamst von fernstem Meer,
Ein Wunder, in diesen Garten her!
Seltsam deine Blässe! Seltsam dein Kleid!
Die Locken länger als jederzeit!
Seltsam die düstere Feierlichkeit!

Sie schläft! Und wie sie dauernd ruht,
So ruhe sie auch tief! Und gut
Hab Himmel sie in heiliger Hut!
Heiliger sie jetzt und der Raum,
Schwermütiger sie als je ihr Traum.
O Gott! laß nie ihren Schlaf vergehn,
Ihr Auge nie sich öffnen und sehn,
Indes die Gespenster Vorüberwehn!

Meine Liebe, sie schläft! Wie dauernd sie ruht,
So ruhe sie auch tief und gut;
Leis krieche um sie die Würmerbrut!
Mög fern im Forst, in Düster und Duft,
Für sie sich auftun eine Gruft —
Eine Gruft, die oft das schwarze Tor
Aufwarf vor bangem Trauerchor,
Triumphierend über den Wappenflor
Der Toten aus ihrem erhabenen Hause —
Eine Gruft, entlegen wie Einsiedlerklause,
Deren Tor ihr einst beim kindischen Spiel
Für manchen Stein gedient als Ziel —

Ein Grab, aus dessen tönendem Tor
Sie nimmermehr zwingt ein Echo hervor,
Das dröhnend dem Kind in die Ohren rollte,
Als sei es der Tod, der da drinnen grollte.

———————

BRAUT-BALLADE

Der Ring an meiner Hand,
Der Kranz aufs Haar gesetzt —
Mein ist nun Prunk und Tand
Und wunderbar Gewand,
Und ich bin glücklich jetzt.

Und mein Herr, er liebt mich sehr;
Doch sein Schwur hat mich entsetzt —
Sein Wort klang dumpf und schwer
Wie Grabgeläute her
Und klang, als spräche *er,*
Der kämpfend fiel im Heer —
Und der wohl glücklich jetzt.

Doch er beruhigte mich
Mit sanftem Kuß zuletzt,
Indes ein Träumen mich
Zum Kirchhof trug und ich
D'Elormie, dem Toten, mich
Vermählte innerlich.

„Oh ich bin glücklich jetzt!"

Und so war das Wort gesprochen
Und der Schwur, der Pflichten setzt;
Und sei auch die Treu gebrochen,
Und sei auch mein Herz gebrochen —
Der Ring er hat gesprochen,
Er zeigt mich glücklich jetzt.

Wollt' Gott, ich könnte lassen
Den Traum, der so mich hetzt!
Meine Seele kann's nicht fassen,
Ich muß in Reu erblassen,
Daß der Tote, so verlassen,
Nicht glücklich sein mag jetzt.

———————

LEONAINIE

Leonainie — diesen Namen gaben Engel ihr,
Gaben Sternlicht ihr als Rahmen — lächelnd weiße Zier,
Haare aus der Mittnacht Glühen, Augen aus des Mondes
   Blühen,
Brachten sie im Sommersprühen hoher Nacht zu mir —
Sommernachts, als hoch im süßen Blühn mein Herz
   geloht,
Sie, die Kommende, zu grüßen, voll wie Rose rot.
Trübes Ahnen, das mich schmerzte, schwieg, als mich
   die Freude herzte,
Trügerische Freude herzte mit dem Arm voll Tod.
Sprach nur zarter Engelzungen kleines Lispeln: „Hier

Werden Lieder nur gesungen, kund Geschichten dir
Dich zu trügen, dich zu trüben; so auch muß in nichts
   zerstieben
Leonainie, wenn das Lieben jung noch ist in ihr."
Lächelt Gott —: ein Morgen glänzte, wie zuvor wohl
   kaum,
Himmelsherrlichkeit umkränzte licht den Erdenraum.
Jedes Herz erfand Gebete, nur aus meinem keines
   flehte,
Meine Leonainie wehte von mir wie ein Traum.

———————

GEDICHTE

Aus den Jahren 1833 bis 1844.

———————

LENORE

Zerschellt die goldne Schale, ach!
    Der Geist so fern entflogen!
Schickt Glockenschall der Seele nach,
    die fort zum Styx gezogen!
Und Guy de Vere, weinst du nicht mehr?
    Jetzt oder nie sei trübe!
Da liegt, sieh her, und liebt nie mehr
    Lenore, deine Liebe.
Komm! laß vollziehn mit frommem Wort
    des Grabes Heiligung –
Nichts Königlichres stirbt hinfort
    als sie, die starb so jung –
Man singe, bete immerfort
    für sie, die starb zu jung.

„Wichte! ihr Reichtum war Euch lieb,
    ihr Stolz war Euch verhaßt,
Und da die Zarte fiel und blieb,
    ihr Grab Ihr segnen laßt!
Das Ritual und Requiem,
    wie frommt's der Heiligung?
Durch Euch – durch Euch: den bösen Blick?

Durch Euch: die Lästerung,
Die diese Unschuld totgehetzt,
     die starb — und starb so jung?"

Peccavimus; doch laß Verdruß!
     Laß wie an Feiertag
Ein Lied zu Gott, daß keine Qual
     die Tote fühlen mag.
Lenore schritt voran, und mit
     ihr flog die Hoffnung traut
— Die unbedacht und toll dich macht —
     auf die erkorne Braut:
So sanft sie war und wunderbar,
     erlag sie dem Geschick —
Das Leben noch im gelben Haar,
     doch nicht in ihrem Blick —
Noch immerdar im gelben Haar,
     doch Tod in ihrem Blick.

„Hinweg! Leicht wacht mein Herz heut nacht:
     Kein Schmerzlied will ich klagen
Triumph soll meinen Engel sacht
     im heiligen Fluge tragen.
Kein Glockenschlag! daß nicht noch zag
     die süße Seele werde
Bei solchem Ton, aufgleitend schon
     von der verfluchten Erde:
Zu Freunden hin, von Feinden hier,
     laßt frei die Tote gehen —
Aus Hölle auf zu hohem Rang
     hoch oben in den Höhen —

Aus Gram und Groll auf goldnen Thron
   zum Herrn der Himmelshöhen."

———————

AN EINE IM PARADIES

Du warst für mich all dieses, Lieb,
Was Seele füllt und Sein,
Warst Inselgrün im Meere, Lieb,
Springbrunn und Altarstein
Voll Frucht- und Blumenwunder, Lieb,
Und all das Blühn war mein!

Oh Traum, dem Sterben kam!
Oh Sternenhoffen, dessen Licht
Sturmwolke mir benahm!
Ein Rufen aus der Zukunft spricht:
„Voran! Voran!" – Doch Gram
Um das, was war, nimmt Zuversicht,
Macht müd und flügellahm.

Denn weh! des Lebens warmer Glanz
Erstrahlt für mich nicht mehr!
Die Woge raunt im Brandungstanz
Zum Sand: nie mehr – nie mehr
Wird wundgeschoß'ne Schwinge ganz,
Dürr bleibt und blätterleer
Der Baum, dem Blitz zerschlug den Kranz!

Und Tag ist Traum, der zu dir wacht,

Und Nacht ist Traum und leitet Hin,
wo dein dunkles Auge lacht
Und wo dein Fuß hinschreitet,
Der in ätherischen Tänzen sacht —
Auf welchen Strahlen gleitet?

———————

DAS KOLOSSEUM

Urbild des alten Rom! Reliquienschrein
Für Schaun und hohen Traum, den in die Zeit
Jahrhunderte von Pracht und Macht gestellt!
Nun endlich — endlich — nach so vielen Tagen
Von Wandermüdigkeit und gierem Durst
(Von Durst zum Quell das Wissens, den du birgst)
Ein andrer und demütiger kniee ich
In deinem Schatten nun und trinke ein
Dein ragend Düster, deinen Glanz und Ruhm!

Unendlichkeit und Öde! Schwermut, Schweigen!
Uralter Zeit Erinnern — düstere Nacht!
Ich fühl euch jetzt — fühl eure ganze Wucht —
Oh Zauber, stärker als Judäas König
Voreinst gelehrt im Berg Gethsemane!
Oh Wunder, machtvoller als der Chaldäer
Jemals verzückt aus stillen Sternen zog!

Hier, wo ein Held einst stürzte, stürzt die Säule!
Hier, wo ein goldner toter Adler glänzte,
Hält mitternächtig Wacht die Fledermaus!

Hier, wo der Damen Roms vergoldet Haar
Im Winde wehte, wogt nun Ried und Distel!
Hier, wo auf goldnem Thron der Herrscher lehnte.
Schlüpft geisterhaft aus ihrem Marmorhaus,
Vom Schein des zwiegehörnten Monds beleuchtet,
Die flinke Echse schweigend über Steine!

Doch halt! Die Mauern – diese Bogengänge,
Hochauf von altem Efeu eingekleidet,
Die schwarzen bröckeligen Säulensockel
Und düstern Schäfte, dunklen Kapitale,
Zerfallenden und fast verblaßten Friese,
Zersprungnen Kranzgebälke – dieses Wrack –
All diese Steine – ach, die grauen Steine –
Sind sie denn alles, was der Zahn der Zeit
Von all dem Ruhm und ungeheuren Glanz
Für mich und für das Schicksal übrig ließ?

„Nicht alles –" geben mir die Echos Antwort –
„Nicht alles, nein! Prophetische Klänge steigen –
Und laute Klänge – ewig von uns auf,
Von allen Trümmern zu den Weisen auf,
Wie Melodie von Memnon steigt zur Sonne.
Wir leiten alle riesenhaften Geister!
In unumschränkter Macht beherrschen wir
Mit unserm Schwung die Herzen aller Großen.

Wir sind nicht leblos – wir erblichnen Steine.
Nicht alle Macht ist hin – nicht aller Ruhm –
Nicht aller Zauber unsres hohen Rufes –
Nicht all das Wunder, das uns rund umfaßt –

Nicht all Geheimnis, das in uns verborgen —
Nicht all Erinnern, das wie ein Gewand
Uns rund umhängt und überall bedeckt,
Und das uns hüllt in mehr als Herrlichkeit!"

———————

DER VERZAUBERTE PALAST

In der Täler grünstem Tale
Hat, von Engeln einst bewohnt,
Gleich des Himmels Kathedrale
Golddurchstrahlt ein Schloß gethront.
Rings auf Erden diesem Schlosse
Keines glich;
Herrschte dort mit reichem Trosse
Der *Gedanke* — königlich.

Gelber Fahnen Faltenschlagen
Floß wie Sonnengold im Wind —
Ach, es war in alten Tagen,
Die nun längst vergangen sind! —
Damals kosten süße Lüfte Lind den Ort,
Zogen als beschwingte Düfte
Von des Schlosses Wällen fort.

Wandrer in dem Tale schauten
Durch der Fenster lichten Glanz
Geister zu dem Sang der Lauten
Schreiten in gemeß'nem Tanz
Um den Thron, auf dem erhaben,

Marmorschön,
Würdig solcher Weihegaben,
War des Reiches Herr zu sehn.

Perlengleich, rubinenglutend
War des stolzen Schlosses Tor,
Ihm entschwebten flutend, flutend
Süße Echos, die im Chor,
Weithin klingend, froh besangen
– Süße Pflicht! –
Ihres Königs hehres Prangen
In der Weisheit Himmelslicht.

Doch Dämonen, schwarze Sorgen,
Stürzten roh des Königs Thron. –
Trauert, Freunde, denn kein Morgen
Wird ein Schloß wie dies umlohn!
Was da blühte, was da glühte
– Herrlichkeit! –
Eine welke Märchenblüte
Ist's aus längst begrabner Zeit.

Und durch glutenrote Fenster
Werden heute Wandrer sehn
Ungeheure Wahngespenster
Grauenhaft im Tanz sich drehn;
Aus dem Tor in wildem Wellen,
Wie ein Meer,
Lachend ekle Geister quellen –
Ach! sie *lächeln* niemals mehr!

DER EROBERER WURM

Oh schaut, es ist festliche Nacht
Inmitten einsam letzter Tage!
Ein Engelchor, schluchzend, in Flügelpracht
Und Schleierflor sieht zage
Im Schauspielhaus ein Schauspiel an
Von Hoffnung, Angst und Plage,
Derweil das Orchester dann und wann
Musik haucht: Sphärenklage.

Schauspieler, Gottes Ebenbilder,
Murmeln und brummeln dumpf
Und hasten planlos, immer wilder,
Sind Puppen nur und folgen stumpf
Gewaltigen düsteren Dingen,
Die umziehn ohne Form und Rumpf
Und dunkles Weh aus Kondorschwingen
Schlagen voll Triumph.

Dies närrische Drama! — Oh fürwahr,
Nie wird's vergessen werden,
Nie sein Phantom, verfolgt für immerdar
Von wilder Rotte rasenden Gebärden,
Verfolgt umsonst — zum alten Fleck
Kehrt stets der Kreislauf neu zurück —,
Und nie die Tollheit, die Sünde, der Schreck
Und das Grausen: die Seele vom Stück.

Doch sieh, in die mimende Runde
Drängt schleichend ein blutrot Ding
Hervor aus ödem Hintergrunde

Der Bühne — ein blutrot Ding.
Es windet sich! — windet sich in die Bahn
Der Mimen, die Angst schon tötet;
Die Engel schluchzen, da Wurmes Zahn
In Menschenblut sich rötet.

Aus — aus sind die Lichter — alle aus!
Vor jede zuckende Gestalt
Der Vorhang fällt mit Wetterbraus:
Ein Leichentuch finster und kalt.
Die Engel schlagen die Schleier zurück,
Sind erbleicht und entschweben in Sturm,
„Mensch" nennen sie das tragische Stück,
Seinen Helden „Eroberer Wurm".

———————

SCHWEIGEN

Ins Eins verleibt, in engster Innigkeit
Sind Kräfte: doppellebig — so geschweißt
Ein Bild von jener Zwillings-Wesenheit
Aus Stoff und Licht, die Körper ist und Geist.
Da ist ein zweifach *Schweigen* — Strand und Meer —
Körper und Seele. Einer wohnt an Ort,
Jüngst übergrünt; ein tränenvolles Wort,
Gedenken und Ehrzeichen, ernst und hehr,
Nimmt alles Graun — sein Name ist: *Nie mehr!*
Er ist vereinigt Schweigen; fürcht ihn nicht,
Da ihm zum Bösen alle Macht gebricht.

Doch solltest du begegnen (traurig Los!)
Seinem Gespenst (dem Kobold Namenlos,
Der spukt auf nie vom Mensch betretnen Pfaden
Der Einsamkeit), befiehl dich Gottes Gnaden.

TRAUMLAND

Auf Pfaden, dunkel, voller Grausen,
Wo nur böse Engel hausen,
Wo ein Dämon, *Nacht* genannt,
Auf schwarzem Thron die Flügel spannt,
Aus letztem düstern Thule fand
Ich jüngst erst her in dieses Land —
Aus Zauberreich, so wild und weit,
Fern von *Raum*, fern von *Zeit*.

Ewig bodenlose Schlünde,
Klüfte, Schlüfte ohne Gründe,
Unbegrenzte Wassermassen,
Die sich nie in Ufer fassen,
Wälder, die kein Ende nehmen,
Die — titanenhafte Schemen —
Tropfend stehn in Nebeltau —
Endlos wuchtend, endlos grau!
Berge, endlos niederfallend,
Meere, in kein Ufer wallend,
Meere, die urewig fluten,
Himmel, die urewig gluten,

Weiher, die unendlich breiten
Stummer Wasser Einsamkeiten,
Die in Tod und Stille liegen
Und den Schnee der Lilie wiegen.

Bei den Weihern, die da breiten
Stummer Wasser Einsamkeiten,
Die in Tod und Trauer liegen
Und den Schnee der Lilie wiegen;
Bei den Bergen, bei den Flüssen,
Die so ruhlos murmeln müssen;
Bei den Wäldern, bei den Sümpfen,
Wo bei schwarzverfaulten Stümpfen
Molch und Kröte lauernd schleichen
Bei den Pfuhlen und den Teichen,
Wo gefräßige Dämonen
Gierig bei den Leichen wohnen;
Bei den trüben Sündenquellen,
Die in giftigen Dünsten schwellen –
Trifft der Wandrer voller Bangen
Alles, was schon lang vergangen:
Totenhemden, die sich blähen,
Schemen, die aus Schatten spähen,
Freunde, lang schon aus dem Leben
Erd – und Himmel übergeben.

Für das Herz voll tausend Wehen
Ist es hier ein friedvoll Gehen –
Für den Geist, den Schatten bannt,
Ist's ein paradiesisch Land!
Doch wer wandert durch dies Grauen,

Wage niemals aufzuschauen,
Nie den schwachen Blick zu heben
In das Weben und das Beben,
Senke das bewimpert Lid,
Daß es kein Geheimnis sieht.
So des Königs Machtbefehle.
Und so darf die trübe Seele
Hier nur im Vorübergehen
Durch getrübte Gläser sehen.

Auf Pfaden, dunkel, voller Grausen,
Wo nur böse Engel hausen,
Wo ein Dämon, *Nacht* genannt,
Auf schwarzem Thron die Flügel spannt
Aus jenem letzten Thule fand
Ich jüngst erst heim in dieses Land.

––––––––––

AN ZANTE

Oh schöne Insel, die den schönen Namen
Sich von der süßesten der Blumen nimmt
Ach, daß bei deinem Schaun mich überkamen
All jene Stunden, die einst froh gestimmt!

Wie viele Szenen lang versunkner Wonne!
Wie viel Gedenken an begrabnen Traum –
Ach, an ein Mädchen, das in deiner Sonne
Nie mehr hinschreitet durch den Brandungsschaum!,

Nie mehr! Das ist der zaubrisch trübe Klang,
Der alles wandelt! *Nie* soll dein Gedenken
Mehr meiner Seele eine Freude schenken!

Verflucht erscheint mir nun dein blumiger Hang,
Oh hyazinthne Insel! purpurn Zante!
„Isola d'oro! Fior di Levante!"

GEBET

Am Morgen – am Mittag – im Abendlicht
Vernahmst Du, Maria, mein Lobgedicht.
In Lust und Leid – in Wonne und Weh,
Gott-Mutter, auch fernerhin mit mir geh!
Als strahlende Stunden heiter entwichen
Und keine Wolken den Himmel durchstrichen,
Führtest Du gnädig die Seele mir
Hin zu den Deinen, hin zu Dir.
Nun da Schicksalsstürme schrecken,
Dunkel mein Heute, mein Gestern bedecken,
Laß mein Morgen strahlend scheinen
Im holden Hoffen auf Dich und die Deinen!

———————

GEDICHTE

Aus den Jahren 1827 bis 1831

AN DAS WISSEN

Wissen! Du wahre Tochter alter Zeit!
Du, deren Auge ändert alle Dinge:
Ein Geier, der das Herz benagt und weit
Ausbreitet des Realen träge Schwinge!

Wie sollte dich der Dichter lieben?
Wie Dich weise nennen, die du so voll Tücke
Den kühnen Himmelsflug ihm hemmst und nie
Den Sternenpfad ihm gönnst zu seinem Glücke?

Triebst du Diana nicht von ihrem Wagen
Und die Dryade aus dem Walde fort
Zu glücklicherm Gestirn, geschütztem Ort?

Und hast die Nymphe aus der Flut getragen
Und nahmst dem Elfenvolk und mir den Traum
Im Sommergras beim Tamarindenbaum?

TAMERLAN

Tröstlicher Sang für Mußestunden —
Das, Vater, ist mein Thema nicht.
Ich weiß, ich werde nie entbunden
Von mehr als irdischen Hochmuts Sünde
Durch Erdenmacht — für Sehnsucht finde
Ich nicht die Zeit, für Träumen nicht.
Man nennt sie Hoffen — jene Glut!
Nichts ist sie als Begehrens Wut!
Könnte ich hoffen — Gott! ja, dann
Hieß ich nicht Narr dich, alter Mann.

Begreifst du eines Geistes Scham,
Der tief gebeugt nach höchstem Flug?
Oh schmachtend Herz! von dir bekam
Dein Welken ich mit all dem Trug
Von Ruhmbegier, den heißen Glanz,
Um meinen Thron den Strahlenkranz,
Der Hölle Heiligenschein! und Not,
Die nicht in Hölle heißer loht.
Oh drängend Herz, das nach der Wonne
Verlorner Blumen, nach der Sonne
Von meinen Sommerstunden schreit —
Die ewige Glocke jener Zeit,
Die starb, sie singt nun ohne Enden
Eintönig, wie von Zauberhänden
Geläutet, deiner Nichtigkeit
Ein unsterbliches Grabgeläut.

Ich war nicht immer so wie jetzt:

Dies Diadem, das fiebrisch hetzt,
Krönt eines Usurpators Gier.
Gab gleiche feurige Erbschaft nicht
Dem Cäsar Rom – wie dieses mir?
Das Erbe königlicher Kraft
Und stolzer Mut und Zuversicht,
Die alles Menschliche errafft!

Auf Bergeserde ward ich Leben.
Nachtnebel gössen ihren Tau
Aufs Haupt mir aus dem dunklen Grau;
Ich glaube, daß der Lüfte Weben,
Zu ungestümem Sturm erregt,
Durch dies, mein eignes Haar gefegt.

So spät vom Himmel – Tau – er fiel
(In Träumen unheiliger Nacht)
Auf mich herab wie Höllenspiel;
Und Flammen, glühendrot entfacht
Aus Wolken, die gleich Bannern hingen,
Erschienen halbgeschloß'nem Blick
Als Prunk von Herrschermacht und Glück;
Und des Trompeten-Donners Klingen
Umbrauste mich wie Wirbelwind
Und sprach von Menschenschlacht, darinnen
Die meine Stimme – dummes Kind! –
(Was würde ich vor Lust beginnen
Bei solchem Schrei – erlebt' ich dies!)
Schlachtruf des Sieges schallen ließ.

Der Regen kam herab auf mein

Schutzloses Haupt, und schwerer Wind
Machte mich toll und taub und blind:
Es mochten wohl nur Menschen sein,
Die Lorbeer auf mich niederwarfen,
So dachte ich; der Sturm der scharfen
Eisigen Luft hat in mein Ohr
Hineingegurgelt das Zertrümmern

Von Kaiserreichen — mit dem Wimmern
Gefangner Feinde — Stimmenchor
Des Trosses und den Schmeichelton
Ringsher um eines Herrschers Thron.

Meine Gier, seit jenen Unglücksstunden,
Ward Tyrannei, die ich erstrebte;
Man hielt sie, seit ich Macht gefunden,
Für meines Innern Grundgebot.
Nun sei's! Doch, Vater, einer lebte,
Der damals — da ich jung, und sie
In stärkerm Feuer noch geloht
(Denn Leidenschaften sterben früh) —
Der *damals* selbst gewußt, daß, ach,
Dies eisern Herz in Liebe schwach.

Mir fehlen Worte, um zu sagen,
Wie gutes Lieben Freude flicht!
Noch würde ich zu zeichnen wagen
Ein mehr als schönes Angesicht,
Des Züge meinem Geiste sind —
Schatten im unbeständigen Wind:
Gleich wie mein Aug', mein zögernd mattes,

Die Lettern irgendeines Blattes
Und alle Wissenschaft darin
Zu Phantasien ohne Sinn
Oft schmelzen sah – zu Nichts dahin.

Oh, sie war all der Liebe wert!
Und so der Kindheit Liebe war,
Daß Engel neidvoll sie begehrt;
Ihr junges Herz war der Altar,
Auf dem als Weihrauch lag mein Hoffen
Und Denken – damals gute Gaben,
Denn kindlich waren sie und offen;
Ihr Beispiel strahlte rein dem Knaben.
Oh, warum mußte ich's verlassen,
Um im Vertrauen auf das Feuer,
Das innen brannte ungeheuer,
Verwegen nach dem Licht zu fassen?

Wir wuchsen liebend auf – zusammen –
Durch Wildnis streifend wie das Wild;
In Frostzeit meine Brust ihr Schild,
Ihr Schild im frohen Sommerflammen.
Sie sah wohl lächelnd himmelwärts,
Mein Himmel war ihr Aug' allein.
Der Liebe Lehrer ist – das Herz:
Wenn mitten in dem Sonnenschein
Und jenem Lächeln – nicht etwa
Um kleine Sorgen wett zu machen
Noch über Schelmerei zu lachen –
Wenn mittendrin es wohl geschah,
Daß ich mich warf an ihre Brust,

Und daß, des Grundes kaum bewußt,
Mein Geist in Tränengüssen bangte,
Da tat's nicht not, mich zu bekennen,
Ihr tröstend meinen Schmerz zu nennen —
Sie, die nach keinem Grund verlangte,
Ließ, ohne Ängste kund zu tun,
Ihr ruhiges Auge auf mir ruhn.

Dennoch war *mehr* denn Liebe wert
Mein Geist, er rang in wildem Weh,
Da ihn — allein auf Bergeshöh —
Der Ehrgeiz neuen Ton gelehrt;
Ich lebte einzig nur in dir:
Die Welt und alles, was sie hier
In Erde, Luft und Meer umfaßt —
All ihre Lust — all ihre Last
Gab neue Freude; ideale
Traumnächtig dunkle Nichtigkeiten —
Dunklere Nichtse, doch reale,
(Schatten — und schattenhafteres Gleiten
Von Licht) auf Nebelschwingen kamen
Und wurden also, wirr vereint,
Dein Bildnis und — ein Namen — Namen!
Zwei Dinge, fremd — doch eng vereint!

Ehrsüchtig, Vater, war dein Sohn.
Kanntest du Leidenschaft? — Nein — nein!
Ein Ärmster sann ich einen Thron
Der halben Welt als mein — als mein —
Noch grollend über niedres Los.
Und doch, es waren Träume bloß,

Die mit dem Dampf des Taus verflogen
Gleich jedem andern Traum, vom Strahl
Der Schönheit lieblich angezogen,
Der meinem Geist das Dunkel stahl.
Wir schritten beide auf der Krone
Weit hohen Bergs, der niederschaute
Auf stolz getürmte Felsenthrone —
Auf Wald, der Höhen überbaute —
Auf Hügel, die sich talwärts senkten
Und tausend Quellen Leben schenkten.

Ich sprach zu ihr von Ruhm und Macht,
Geheimnisvoll, als sollte dies
Gerede zu nichts anderm taugen
Als nur zum Spiel; in ihren Augen
Las ich, vielleicht zu unbedacht,
Ein Fühlen, das Verstehen hieß.
Ihr klar Erröten schien zu schön
Zu kleiden königliche Höhn,
Als daß es immerfort allein
Licht in der Wildnis sollte sein.

Dann hüllte ich mich selbst in Glanz
Mit eingebildeter Krone auf —
Nicht war's, daß Phantasie allein
Mich hold geschmückt mit ihrem Kranz,
Nein, daß im großen Menschenhauf
Der Löwe Ehrsucht lahm und klein
Sich duckt vor eines Wächters Hand.
Doch nicht in Wüsten, wo der Starke,
Der Wilde schwört, mit ihrem Marke

Zu schüren seines Feuers Brand!

Blick um dich jetzt auf Samarkand!
Ist sie nicht Königin der Erde?
Sind alle Städte mehr denn Herde
Vor ihrer hohen Herrscherhand?
Steht sie erhaben nicht, allein,
Im Glanz, den je die Welt gekannt?
Fiel sie – könnt' nicht ihr ärmster Stein
Der Sockel eines Thrones sein? –
Und wer ihr Herrscher? – Timur – er,
Den das erstaunte Volk allda
– Gekrönten Räuber! – stolz und hehr
Hin über Reiche schreiten sah!

Oh Menschenliebe! Ausgegossen
Als Geist von allem, was erschlossen
Uns zeigen mag die Himmelswelt!
Die du, wie Regen frisch bestellt
Scirokko-dürres Sommerfeld,
Die Seele segnend tränkst und näßt
Und doch das Herz in Wildnis läßt!
Begriff, der alles rings, das lebt,
Mit seltsamer Musik umschwebt
Und wunderlicher Prachtgebärde –
Lebwohl! denn ich gewann die Erde.

Als Adler Hoffnung hoch im Flug
Gen Himmel nichts mehr höher sah,
Besänftigt wandte er sich da,
Daß seine Schwinge heimwärts schlug.

War Sonnenuntergang: wenn weit
Die Sonne sinkt, kommt Düsterkeit
Ins Herz ihm, der noch gern erblickte
Den Glanz, den Sommersonne schickte.
Er wird den Duft des Abends hassen,
Wird lauschend vor dem Klang erblassen
Der Nacht (den Lauschern offenbar)
Als einer, der in Traumesbann
Entfliegen *möchte*, doch nicht *kann*,
Vor einer nahenden Gefahr.

Wenn Mond, der weiße Mond, auch ganz
Ausschüttet seines Mittags Glanz,
Sein frostig Lächeln, *sein* Geleit
Scheint jener Zeit der Düsterkeit
Ein Bild aus Tagen nach dem Tod.
Jugend ist eine Sommersonne,
Die nichts uns läßt von Wert und Wonne,
Wenn sie verschwand, nur Nichts und Not.
Denn alles Wissen, dem wir lebten,
Ward uns; was wir zu halten strebten,
Entfloh; so laß das Erdenwallen
Mit seiner Mittagsschönheit fallen,
Die Alles ist. – Ich eilte her
Zu meinem Heim – mein Heim nicht mehr –
Denn was es je dazu gemacht,
War fort; trat ich auch sanft und sacht
Durch seine moosige Tür, es drang
Vom Schwellenstein der Stimme Klang
Von einer, die ich einst gekannt.
Ich leugne, Hölle, daß dein Brand

Mehr Demut brennt als nun mein Herz,
Mehr Wehmut kennt als nun mein Schmerz!

Vater, ich glaube fest — ich *weiß* —
Denn Tod, der kommt aus Segensferne,
Die ohne trügerisches Hoffen,
Er ließ sein eisern Tor weit offen,
Und strahlend glühn der Wahrheit Sterne
Durch Ewigkeit und flammen heiß —
Ich glaube, einen Fallstrick hat
Satan auf jedem Menschenpfad;
Denn wie sonst konnte dieses sein:
Als ich gelebt im heiligen Hain
Der Göttin Liebe, die so rein
Alltäglich salbt die schneeige Schwinge
Im Weihrauch frommer Opferbrände
Und andrer unbefleckten Dinge,
Im Haine, dessen Dach und Wände,
Wo Lücken läßt das Laubgewind,
Mit Strahlen eng vergittert sind,
Durch die kein Stäubchen, keine Mücke,
Ausweichend ihrem Adlerblicke,
Eindringen kann — wie sonst denn war
Dies möglich, daß nicht wahrnehmbar
Die Ehrsucht dort ins Glück gedrungen,
Bis dreister sie emporgesprungen
Hohnlachend in der Liebe Haar?

———————

AN HELEN

Oh Helen, dich vergleiche ich
Nikäischem Boot, das sanft im Flug
Wegmüden Wandrer mütterlich
Voreinst durch duftigen Wogenzug
Zum Heimatstrande trug.

Mich trug aus wildem Wogenbrand
Dein hyazinthen Nymphenhaar,
Dein klassisch Antlitz heim zum Strand –
Zur Macht, die Rom einst war,
Zur Pracht von Griechenland.

In Fensternische – Strahlenthron –
Seh ich dich stehn, wie Statue stand
Achatne Lampe in der Hand!
Ah! Psyche du, aus Region,
Die Heilig Land!

––––––––––

DAS TAL DER UNRAST

Einstmals war ein stilles Tal,
Unbewohnt; mit Schild und Stahl
Zog das Volk in Kriege fort;
Hielten milde Sterne dort
Vom azurnen Turm zur Nacht
Über all die Blumen Wacht,
Über denen jeden Tag

Rot und faul die Sonne lag.
Jetzt wird jeder Wandrer sehn
Unrast dort das Tal durchwehn.
Nichts ist da, das nicht sich regt,
Luft nur brütet unbewegt
Ob der Zauber-Einsamkeit.
Ach, kein Lüftchen weit und breit
Rührt der Bäume Blätterkleid,
Die da pulsen ohne Frieden
Gleich dem Eismeer der Hebriden.
Ach, kein Lüftchen jagt und bauscht
Das Gewölk, das ruhlos rauscht
Rastlos rauscht von früh bis spät
Über Myriadenbeet
Blauer Veilchen, sorgenreich,
Myriaden Augen gleich,
Über Lilien, die so weich
Wehend, weinend schaun herab
Auf ein namenloses Grab!
Wehend: aus dem Duft heraus
Kommen Tropfen ewigen Tau's.
Weinend: von den zarten Zweigen
Ewig Tränen niedersteigen,
Die gleich Edelsteinen schweigen.

ISRAFEL[1]

Ein Geist wohnt in den Höhn,
„Dessen Herz eine Laute ist“;
Wie Israfel so schön
Singt keiner in den Höhn,
Die Sterne, die sich kreisend drehn,
Verstummen im Vorübergehn
Vor seiner Stimme alle Frist.

Und wenn im Weltgetriebe
Der wechselnde Mond
Am höchsten thront,
Erglüht er von Liebe;
Und horchend verharren der rote Blitz
Und die sieben Plejaden stockenden Schritts
Auf Himmelssitz.

Und sie sagen (der sternige Rat
Und alle Lauscher in seinem Geleite),
Daß Israfel sein Feuer
Verdanke jener Leier,
Die seine Stimme weihte —
Dem bebenden lebenden Draht
Jener ungewöhnlichen Saite.

Doch die Himmel, wo Engel wohnt,
Wo hohe Gedanken Pflicht und Zoll,
Wo erwachsene Gottheit die Liebe thront,

---

[1] Und der Engel Israfel, dessen Herz eine Laute ist und der die süßeste
Stimme hat von allen Gotteskreaturen. — *Der Koran*.

Wo die Huri blickt, sind nah und fern
Von all der Schönheit voll,
Die wir schätzen an einem Stern.

Drum gehst du recht in deinem Drang,
Oh Israfel, du weiser Barde!
Verachtend glutenlosen Sang
Gab dir der Ruhm den höchsten Rang,
Dein ist der Lorbeer, bester Barde!
Heiter lebe und lang!

Und die Verzückungen drüben,
Sie passen zu deinem feurigen Reigen,
Deinem Gram, deiner Lust, deinem Haß, deinem
    Lieben,
Sind ganz deiner Inbrunst zu eigen —
Wohl mögen die Sterne schweigen!

Ja, Himmel ist dein! Doch dieser Welt
Ist Süß und Sauer gemein;
Unsre Blumen können nur — Blumen sein;
Der Schatten deiner Wonne fällt
Auf uns als Sonnenschein.

Oh war ich schnell,
Wo Israfel
Gewohnt, und er war ich —
Er säng wohl nicht so flammend hell
Ein sterblich Lied; doch ich,
Ich säng aus solcher Leier Quell
Ein Lied, dem keines glich!

AN –

Ich sorge nicht, daß mein Erdenlos
Wenig von Erde trägt,
Daß Haß in Minute erbarmungslos
Jahre der Liebe schlägt.
Ich klage nicht, daß mehr an Glück
Der Einsame hat denn ich –
Doch daß *Du* sorgst um *mein* Geschick
Um diesen Wandrer – mich!

――――――

AN –

Die Lauben in Träumen, die süßester Sang
Beseligter Vögel durchzieht,
Sind Lippen – und lieblicher Worte-Klang,
Der deinen Lippen entflieht.

Deine Augen in Herzens himmlischer Hut,
Sie schauen dann trostlos herab
Auf den Geist, der wie Leiche verschlossen ruht,
Wie Sternlicht auf Bahrtuch hinab.

Dein Herz – *dein* Herz! – Ich wache in Bann –
Und schlafe und träume bis Tag
Von der Wahrheit, die Gold nie kaufen kann –
Von dem Trug, daß es *doch* sein mag.

――――――

LIED

An deinem Brauttag sah ich dich –
Und sah dich rot erglühn,
Obgleich die Welt dem Himmel glich,
Drin Lust und Liebe blühn.

In deinem Aug ein Blitz von Glück
(Warum es auch geschah)
War alles, was mein weher Blick
Auf Erden Liebes sah.

Dies Glühn – es mocht als Mädchenscham
Erscheinen (mag es sein!),
Obgleich es heiß wie Feuer kam
In dessen Brust hinein,

Der so als Braut erblickte dich,
Da dich bezwang dies Glühn,
Obgleich die Welt dem Himmel glich,
Drin Lust und Liebe blühn.

————————

GEISTER DER TOTEN

Deine Seele wird sich einsam sehn,
In Grabgedanken einsam stehn –
Nicht einer aus der Menge kennt,
Was dir an Weh die Stunde nennt.
Versteh an jenem Ort zu schweigen!
Verlassen bist du nicht – es steigen

Die Toten auf, die dir im Leben
Einst nah gestanden, und umschweben,
Umschatten dich: sei still, sei still –
So fühlst du, was ihr Wille will.
Die Nacht wird klar – doch finster sein,
Kein Stern wird sein, der lieben Schein
Von hohen Thronen abwärts sendet,
Gleich Hoffnung, Sterblichen gespendet.
Der Sterne strahlenloses Rot
Wird tief in deine Qual und Not
Ein Brennen und ein Fieber pressen –
Das wirst du nimmermehr vergessen.
Nun ist dein Denken nicht zu meistern,
Visionen werden dich umgeistern,
Die nie aus deiner Seele schwinden –
Nun wirst du nie mehr Ruhe finden.
Der Wind, der Atem Gottes, schweigt,
Der Nebel auf dem Hügel steigt
Und schattet, schattet – graue Wand,
Symbol und Zeichen, das dich bannt –
Das schemenhaft in Bäumen hängt,
Geheimnis aus Geheimnis drängt!

———————

ROMANZE

Romanze, die liebt zu nicken und singen
Mit schläfrigem Kopf und gefalteten Schwingen
Aus grünenden, schattenden, schaukelnden Zweigen,
Die tief über heimlichen See sich neigen,
Sie war mir ein bunter Papagei
— Bekannter Vogel — und lehrte mich sagen
Mein Alphabet, und ich lernte dabei,
Mein allererstes Wort zu wagen,
Während ich — Kind noch — im waldigen
Hag Mit höchst verständigem Auge lag.

Nun aber donnern Jahre her
Mit Kondorschwingen, alle Höhn
Des Himmels füllend mit Gestöhn,
Und nichtiges Tun ist mir nicht mehr
Als Atemhauch im wilden Föhn.
Und wenn eine Stunde sanfter beschwingt
Mit zartem Flaum meinen Geist umschlingt,
Sie darf mich nimmermehr bestechen,
Daß meine Leier tändelnd singt —
Mein Herz empfand es als Verbrechen,
Wenn es nicht mit den Saiten schwingt.

DER SEE. AN –

Im Lenz der Jugend war mein Heil
Von weiter Welt ein lieblich Teil.
Dort schweift ich in Verlassenheit,
Bei wilder Wasser Einsamkeit:
Ein See, von Felsen schwarz umbuchtet,
Von hohen Fichten rund umwuchtet.

Doch wenn die Nacht ihr Leichentuch
Auf alles warf wie dunklen Fluch,
Der mystische Wind vorüberflog
Und murmelnd Melodien zog –
Dann mußte ich erwachend schauen
Dieser Wasser trostlos Grauen.

Dennoch war nicht Furcht dies Graun,
War ein heißverzücktes Schaun –
Gefühl, das keines Goldgangs Flimmer
Geben kann – kein Liebeschimmer –
Du, auch deine Liebe nimmer!

Verderben jene Woge barg
Und Tod in ihrer Schlucht und Sarg
Für ihn, der Traum und Tröstung fand,
Als er in Einsamkeit dort stand –
Der seinem Geist ein Paradies
Aus jenen düstern Wassern wies.

ABENDSTERN

Mittsommer war es
Und mitten in Nacht,
Als Sterne ihr klares
Geleuchte entfacht;
Planetenumgeben
Zog Luna daher,
Im Himmel ihr Schweben,
Ihr Strahl auf dem Meer.

Zu mir, der ich blickte,
Nur Kälte sie schickte —
Nur kältestes Lächeln mir zu —
Und wie Leichentuch kam
Eine Wolke und nahm
Die Helle in dunkelnde Ruh.
Da dreht' ich mich fort
Und schaute nach dort,
Wo flimmernd der Abendstern wob;
So herrlich und fern,
Du lieblichster Stern,
Zu dem meine Sehnsucht sich hob.
Denn fernher dein Blinken
Will freundlicher winken
Dem Auge, das himmelwärts glüht,
Als das nahe und alte
Gelächel, das kalte,
Das Lunas Mundwinkel verzieht.

———————

INHALT

Über diese Ausgabe.

Der Text dieses Buches folgt dem der Ausgabe:

Edgar Allan Poe: Gedichte. Übertragen von Theodor Etzel
München & Leipzig 1909